SEMPER INVICTUS

~

STETS UNBESIEGT

Optional Empfohlene Kampftaktiken & Strategien zum Siegen

*Gewidmet den Total War Gamern,
die ihr Geschick
auf kreative & intelligente,
und in genialer Art & Weise
in Strategie & Taktik dazu nutzen,
um freudige & schöne Schlachten
zu führen.*

Zu Beginn werden einige Grundsätze der Strategien & Prinzipien genannt, die sowohl generell für alle Total War Spiele gelten, als auch für die Lebensführung genommen werden können.

Es werden aber insbesondere für Schlachten die optionalen Kampftaktiken aufgezählt, die bei der Aufstellung oder auch in der Gelegenheit einer Situation in der Schlacht sinnvoll genutzt werden können.

Herstellung und Verlag:
BoD - Books on Demand, Norderstedt
ISBN 978-3-7431-4217-6

Grundsätze der Strategie & Prinzipien zur Lebensführung

- *Die Fähigkeit haben die Gedanken des Gegners verstehen & lesen zu können. Und stets die Initiative zu ergreifen.*
  (Robert E. Lee)

- *Stetes Auskundschaften des Gegners, um die Stärke & die Stellungen herauszufinden. Und die Kundschafter stets in der Nähe der eigenen Armee bewegen.*
  (Jeb Stuart)

- *Standhaftigkeit im Sturm & in den Wirren der Schlacht.*
  ("Stonewall" Jackson)

- *Dem Gegner stets einen Schritt im Voraus zu sein. Und die am Vorteilhaftesten Stellungen auf dem Feld für sich zu besetzen.*
(Bedford Forest)

- *Eigene Fehler nicht wiederholen.*
(Tecumseh Sherman)

- *Stets die gute Moral der Armee erhalten.*
(McClellan)

- *Stets eine sehr gute Planung vor der Schlacht ansetzen.*
(Hooker)

- *Stets die Ruhe zu bewahren & in der Schlacht konzentriert bleiben.*
(U. S. Grant)

- *Die Position & die Stellung einer Flanke des Gegners mit großer Kraft stets zusetzen, um die Armee zu demoralisieren, und zum Fliehen zu bewegen.*
(Universell)

- *Während der Schlacht Einfallsreich & Entschlossen handeln.*
(Universell)

Optional Empfohlene Kampftaktiken

·

- *Eigene Bogeneinheiten gezielt auf einzelne Einheiten angreifen.*

- *Kleinere taktische Gruppen bilden.*

- *Kein großen Pulk an einer gegnerischen Stelle angreifen.*

- *Im Scharmützel die moralisch Schwächsten gezielt angreifen. Gegebenenfalls mehrere Einheiten bündeln.*

- *Als Belagerter die eigenen Einheiten voerst Hinten aufstellen, um sich vor den Geschossen zu verstecken.*

- *Als Belagerer die Bogeneinheiten einsetzen, die an Schussreichweite am Weitesten feuern können.*

- *Bogeneinheiten durch Speereinheiten schützen.*

- *Bogeneinheiten stets Hinter anderen Einheiten aufstellen.*

- *Kavallerie möglichst gegen Bogeneinheiten & Geschosseinheiten einsetzen.*

- *Als Belagerter Bogeneinheiten Hinter Brüstungen aufstellen.*

- *Einheiten möglichst zusammen halten.*

- *Führerschafts-Avatar gut schützen.*
- *Bogeneinheiten sollten vorsichtig sein mit Feuer- & Signalpfeilen, wenn der Gegner gerade in Reichweite gelangt. Weil die gegnerischen Einheiten sonst in einen taktischen Rückzug sich bewegen, und die Pfeile sinnlos verbrauchen und ihre Ziele nicht treffen.*

- *Bogeneinheiten mit großer Reichweite außerhalb der geringeren gegnerischen Reichweite von Bogeneinheiten aufstellen.*

- *Unterschätze die Lunteneinheiten nicht. Greife diese zuerst an.*

- *Stets auf die gegnerische Kavallerie achten. Auf die Karte & das*

Schlachtfeld schauen.
- *Wenn gegnerische Bogeneinheiten feuern, dann die eigenen Lunteneinheiten nach Hinten positionieren.*

- *Bei mehreren Speereinheiten die Schwächeren nach Vorne aufstellen.*

- *Zu Beginn der Schlacht die eigenen Kavallerieinheiten überlegt Richtung wichtige Gebäuden bewegen. Um die gegnerischen Einheiten zu flankieren oder von Hinten anzugreifen.*

- *Bei Angriffen von Bogenkavallerie die eigenen Einheiten im Wald verstecken.*

- *Zwei jeweils von der Bogenkavallerie & Kavallerie kombiniert angreifen (Hit &Run).*

- *Mit Schwerteinheiten die Speereinheiten angreifen.*

- *Möglichst von der Anhöhe aus angreifen.*

- *Speereinheiten, gedeckt von Bogeneinheiten, zum Gebäude schicken.*

- *Im Wald versteckte Bogeneinheiten nicht auf "billige" Einheiten feuern, weil sie ihre Position damit verraten. Umgekehrt kann man eine billige Einheit zum Wald schicken, damit gegnerische Bogeneinheiten ihre Position verraten, um sie mit eigenen Bogeneinheiten zu feuern.*

- *Mit Avatar nur angreifen, wenn der Sieg gewiss ist.*

- *Deckung wie Hügel, Gebäude und Wald gegen Bogeneinheiten nutzen.*

- *"Camper" einkreisen & kombiniert angreifen.*

- *Im Wald versteckte Bogenkavallerie mit Kavallerie angreifen.*

- *Als Belagerer sowohl auf die Mauern aufklettern als auch durch das zerstörte Tor hindurch kämpfen. Gilt für Massenangriff auf die Belagerten.*

- *Signalpfeile haben kürzere Reichweite. Nur Einsetzen, wenn der Gegner nah genug dran ist.*

- *Infantrie auf Defensivhaltung stellen, damit die im Kampf nicht fliehende Einheiten verfolgen, sondern sich auf die nächste Einheit konzentrieren.*

- *Bei Zwei Kavallerieeinheiten beide in kurzer Distanz hintereinander stehend halten. Der erste Vordere greift an, und der Hintere greift die*

andere angreifenden Einheit an.
- *Mit Schwerteinheiten die Speereinheiten angreifen.*

- *Gruppenbefehl dazu nutzen in Formation Stellung zu beziehen. Bis zur nächsten Aufstellung nicht den Gruppierungsbefehl aufheben.*

- *Eine "billige" Einheit ganz Abseits aufstellen, um den Gegner zu überraschen, und selbst die Zeit dazu zu gewinnen, um den eigenen Angriff zu koordinieren.*

- *Eigene Kavallerieeinheiten an gegenerischen Flanken oder Dahinter aufstellen, um überraschend an Schwachstellen anzugreifen.*

- Taktische Einheiten:

Vorne - Schwert # Hinten - Speer

Vorne - Speer # Hinten - Kavallerie

Vorne - Schwert # Hinten - (Bogen)Kavallerie

Vorne - Speer # Hinten - Bogen/Lunten

- Kavallerie ist in der Bewegung am Stärksten.

- Bei Angriff mehrerer gegnerischen Einheiten eine eigene Einheit nach Vorne blockieren, um mit den anderen eigenen Einheiten die Flanken des Gegners anzugreifen.

- *Einheiten relativ gestreckt aufstellen. Umzingelungsvorteil.*

- *Von gegnerischen (Bogen)Kavallerie und Bogeneinheiten nicht provozieren lassen. Diese Art von Köderung dazu nutzen den taktischen Rückzug mit eigenen Einheiten in den Wald, oder Hinter Hügel neu aufzustellen.*

- *Kavallerieangriffe möglichst nicht von Speereinheiten "fangen" zu lassen. Defensiv-Modus.*

- *Bogeneinheiten im Rechteck-Formation aufstellen. Das ergibt eine höhere Trefferquote.*

- *Vor Beginn der Schlacht den General seine Sammelflagge aufsetzen. Dort sammlen sich später die geflohenen Einheiten.*

- *Verbale Provokationen nicht zum Angriff verleiten lassen, da man seinen strategischen & taktischen Vorteil verlieren könnte.*

- *Bei Überlegenheit der eigenen Armee angreifen. Bei Unterlegenheit auf defensive Positionen verteidigen.*

- *Lunteneinheiten bei gegnerischen Angriffen schnell zurück ziehen.*

- *Als Belagerer bei der Auswahl von Einheiten vermehrt auf Bogen- & Schwerteinheiten setzen.*

- *Als Belagerter bei der Auswahl von Einheiten vermehrt auf Bogen- & Speereinheiten setzen. Dazu jeweils Zwei Kavallerie- und Zwei Lunteneinheiten.*

- *Als Belagerer den Monomi-Spion (Gefolge) einsetzen. Öffnet die Tore des Belagerten.*

- *Bei Angriff von gegnerischen Lunteneinheiten die eigene einzelne Kavallerie schnell zu einem Frontalangriff ansetzen. Wenn gegnerische Speereinheiten die Kavallerie angreifen, dann schnell den zurück ziehen, so dass die eigenen Lunteneinheiten den Gegner feuern können.*

- *Die eigene Armee in zwei Gruppen einteilen. Die taktische Gruppe der Kavallerie weit von der eigenen Flanke im Wald verstecken. Die andere taktische Gruppe der Infantrie & Geschosseinheiten Richtung Wald aufstellen. Diese in Marsch setzen, und zum Gegner halten, während die taktische Gruppe der Kavallerie zum Überaschungangriff ansetzt.*

- *Wenn der Gegner ein:*

"Füherschafts-Avatar" hat - dann sollte man selbst vorwiegend Schwerteinheiten einsetzen. Weil der Gegner mit diesem Avatar vermehrt Speereinheiten einsetzt. Und die eigenen Schwerteinheiten die

gegnerischen Speereinheiten besiegt.
"Schwert-Avatar" hat -
dann sollte man selbst vorwiegend Kavallerie- & Speereinheiten einsetzen. Weil der Gegner mit diesem Avatar vermehrt Kavallerie- & Bogeneinheiten einsetzt. Und die eigenen Kavallerie- & Speereinheiten die gegnerischen Einheiten besiegt.

"Bogen-Avatar" hat -
dann sollte man selbst vorwiegend Kavallerieeinheiten einsetzen. Weil der Gegner mit diesem Avatar vermehrt Bogen- & Schwerteinheiten einsetzt. Und die eigene Kavallerie die gegnerischen Einheiten besiegt.

- Bei Angriff von gegnerischen Lunteneinheiten sollte man eine "billige" Einheit entgegen schicken, damit die anderen eigenen Einheiten den Gegner flankieren können.

- Taktische Angriffsgruppe:

  Vorne - Kavallerie #
  Mitte - Schwert #
  Hinten - Speer

  Vorteil: Kombinationsangriff & Unterstützung.

- Gebäude sind im Grunde genommen relativ unwichtig. Es sollte nur dann eingenommen werden, wenn es auf dem Weg der eigenen Strategie liegt. Sonst sollte man die eigene Strategie

konsequent folgen.
- *Wenn gegnerische Einheiten im Wald versteckt sind, dann kann man eine eigene "billige" Einheit in den Wald hinein laufen lassen, um die gegnerischen versteckten Einheiten sehen zu können. Dann sollte man mit eigenen Veteraneinheiten, vorzugsweise Kavallerie, dem Gegner in den Flanken oder von Hinten angreifen.*

- *Wenn Lunteneinheiten im Wald versteckt sind, dann sollte man Bogenkavallerie an deren Flanke positionieren, um diese zu feuern.*

- *Wenn Bogen- & Lunteneinheiten zu viele Ziele zur Auswahl haben, dann sind sie unentschlossen und feuern nicht. Daher sollte man ein lohnendes Ziel anvisieren.*

- *Werden Bogeneinheiten von gegnerischen Einheiten zu Nah bedroht, sollte man die schnell zurück ziehen.*

- *Die Armee sollte vor Schlachtbeginn mit allen Einheiten auf Defensiv-Modus eingestellt werden. Damit gegnerische fliehende Einheiten nicht verfolgt werden, sondern auf die nächste Einheit sich konzentrieren. Mit Ausnahme von Speereinheiten, die evtl. gegnerische Kavallerie zusetzen werden.*

- *Kavallerieeinheiten stets in Dreieck-Formation aufstellen.*

- *Taktische Kavallerie-Angriffgruppe:*

  Vorne (Mittig) - Starke Kavallerie # Hinten (An Beiden Flanken jeweils) - Kavallerie.

- *Vor Schlachtbeginn möglichst die Einheiten im Wald verstecken.*

- *Auf Scheinangriffe von Kavallerie eigene Speereinheiten entgegen stellen. Währendessen andere eigene Einheiten zum Gegenangriff starten.*

- *Wenn man vor der Schlacht weiß wo der Gegner hinmarschiert, dann kann man dort vorher Kisho-Ninjas (Gefolge) aufstellen, um den Gegner zu überraschen.*

- *Als Belagerer oder Belagerter die eigenen Einheiten auf lose Formation aufstellen. Bei Feindkontakt auf geschlossene Formation wechseln.*

- *Feuerwerfende Mangonelle sind ideal gegen Holzburgen, wenn die auf Holzpalisaden feuern und in Brand setzen.*

- *Feuerraketen & Handmörser sind ideal gegen Einheiten.*

- *Europäische Kanonen sind gut gegen Gebäude.*

- *Um gegnerische Speereinheiten auszuhebeln, sollte man eine eigene von zwei Kavallerieeinheiten eine Speereinheit angreifen (Defensiv-Modus). Wenn eine Lücke entsteht, mit der zweiten eigenen Kavallerieinheit in die Lücke angreifen.*

Noch einige Worte des Verfassers

"SEMPER INVICTUS" ~ "STETS UNBESIEGT"

lauet das Motto und der Titel dieses Buches. Es soll nichts anderes bedeuten als, dass

"NICHT WER STETS GEWINNT IST EIN SIEGER;
SONDERN WER NACH NIEDERLAGEN WIEDER AUFSTEHT
UND WEITER KÄMPFT."

*Die Strategien & Prinzipien habe ich so seltsam es auch klingen mag nicht von chinesischen oder japanischen Büchern entnommen. Sei es "Sun-Tzu's - Die Kunst des Krieges", "Miyamoto Musashi's - Das Buch der Fünf Ringe" oder das "Tsunetomo Yamamoto's - Hagakure". Diese Schriften wurden im "Shogun 2 - TW durchgehend im Spiel eingeblendet. Es mag befremdlich klingen dass ich die Grundsätze aus der Dokumentationsreihe von "Ken Burns - Civil War" entnommen habe. Im Grunde genommen sind zu allen Zeiten der Weltgeschichte stets dieselben Grundsätze angewendet worden, gleichgültig welcher Nation und Gesellschaft. Das Rad wurde demzufolge stets neu erfunden.
Meine Wahl der Grundsätze traf ich*

deshalb den der Generälen & den Offizieren des Sezessionskrieges in den Vereinigten Staaten von 1861 - 1865, weil durch die Veranschaulichung und der Emotionalisierung dieser Doku-Reihe auch die Möglichkeit sich ergab ein tieferes und verständlicheres Verstehen dieser Menschen in Betracht zu ziehen.

Warum handelten sie auf diese Weise? Was führte zu Siegen & zu Niederlagen? Wie konnten sie trotz nachteiliger Situation gewinnen?

Das sind Fragen, die mit diesen Grundsätzen beantwortet werden.

Beinhaltet sind auch die Botschaften zwischen den Zeilen in den Grundsätzen.

Wenn man sich die Doku-Reihe anschaut,

*dann erkennt man auch wie es zu diesen Grundsätzen zustande kam.
Und ich kann zugeben, dass diese mich sehr bewegen.
Weil selbst die Erzähler einen großen Anteil dazu beitrugen. Und das ist der Grund, warum ich diese Grundsätze zu meiner Wahl erhob.*

Die "Optional Empfohlenen Kampftaktiken" schrieb ich im Laufe von vielen Gefechten im Multiplayer-Modus von "Shogun 2 - TW" selbst auf. Die Erfahrungen, die ich sammelte, notierte ich mir, um aus diesem Erfahrungsschatz ein erlernbares Mittel zum Gewinnen von Schlachten zu ermöglichen. Zum größtenteil können diese Taktiken auch zu anderen "Total War" Spielen angewendet werden.

Ich hoffe, dass dieses Buch dazu beiträgt, einerseits den Leser/innen aus den Grundsätzen sich inspirieren zu lassen. Anderseits die Spieler/innen mit den Taktiken zum Gewinnen der Schlachten zu verhelfen.

Ich möchte mich bei den Spieler/innen, sei es auf eigener Seite oder Gegenseite, für die Inspiration "Im Universum der Schlachten" zu bedanken.
Ebenso bedanke ich mich für die Fotos an einer Freundin von Nicole R..
Und ich bedanke mich Selbst für mein schriftliches kreatives Schaffen. Weil es meine Stärke ist, die ich dazu nutze, um Bücher zu schreiben, die ich liebe und gedenke.

Simon Mihelic